EL TACTO
ESCONDIDO

COLECCIÓN ITES

EL TACTO ESCONDIDO

© Ana María Martínez Orozco
© de esta edición: Olé Libros, 2025

ISBN: 979-13-87620-66-0
Depósito legal: V-2619-2025
Impreso en España

KALOSINI, S. L.
Grupo editorial olélibros
equipo@olelibros.com
www.olelibros.com

*Para vosotras, **mujeres**, que me habéis acompañado desde siempre.*

*A vosotros, **versos**, que me extendéis más allá de mi.*

*Y sobre todo, para mi sobrina **Lucía**, que me hace ser.*

NOTA DE LA AUTORA

No pensé que iba a ocurrir. Pensé siempre que se quedarían en esas libretas que me han acompañado. Pensé que al escribirlos quedarían sin más anclados para mí, pero ahora cuando me veo escribiendo estas líneas me inunda el goce, sobre todo, de haber perdido el miedo a exponerme Y también, el placer de compartir lo que me ha ido bullendo desde que decidí parar en este ritmo frenético que nos imponen y nos imponemos.

Por eso, estos versos se presentan ante ti, humildemente, desde la conciencia plena de que la poesía tan solo ha dado el paso de dejarme entrar en ella. Vino a mí abriéndome las galerías de un alma hastiada, triste y hambrienta de vida. Y se quedó en mí para recordarme que era posible el cambio y que en él, era fundamental reencontrarme. Y así lo hago. Cada día y cada momento en el que el verso emerge en mí para verme, ubicarme y dejarme ser en el existir presente.

Pese a la numeración, no te dejes engañar. No he querido que guarden un orden cronológico porque lo cierto es que hay un continúo ir y venir en lo expresado y sentido en ellos al componerlos, desde un ritmo clásico a veces y otras libre como concibo mi vivir.

Gracias. Gracias porque estás en estas páginas. Porque estás aquí conmigo en estos poemas que dejan al desnudo mi proceso vital. Disfruta de ellos. Del espacio en blanco que encontrarás y que han querido ofrecerte la posibilidad de seguirlos, de conversar contigo misma, de abrazarlos o dejarlos ir.

Gracias. Porque has dejado que este tacto escondido te acaricie.

I.

Aprehender el rayo de sol. Crecer con él.
Saber que hay un mañana,
aunque este reloj a veces esté parado.
Ser consciente de la finitud,
pero seguir ardiendo en preguntas.
Buscar esa propia lengua,
que habita en mis recodos.
Saborear la libertad
de poder ser y hacer libres.

Y cuando el rayo vuelva, cerrar los ojos.
Cerrarlos fuerte, sonreír y bailar.
Verte aparecer y volver a sonreír(nos)
Arder y arder para ser libre otra vez.
Sentir que soy YO la que está aquí
que YO EXISTO y que formo parte de mí.
Seguir buscando en mi isla
y alegrarme porque siento que la tengo
y que soy su dueña.
Y, entonces, volver a sonreír.
Y volver a escribir.
Sencillamente, escribir en esta hoja,
hacerlo sin tapujos
con esta nueva lengua que me grita:
que no tenga miedo,
que me entienda,
que me extienda.
Y entonces:
Palpar, acariciar;
traspasar el suelo,
la piedra, la arena, la hierba.
Y así abrirme a la vida
con estas ganas de vivirla.

2.

Aquí ando. De la cama al verso.
Del verso al cuerpo
y de allí al deseo.
Deseo de vida, de piel,
de pensamientos que
me atraviesan sin impedimento.
Y me lleva a escribir
como en los años de mis comienzos.

He vuelto. Han vuelto las ganas
de reconocerme y darme al mundo.
Aún más: ganas de sentirme mundo.
No hay rima, no hay ritmo marcado.
Solo el fluir con la aceptación del pasado
y un presente que cala y que existe.
En él hay amor viviente
que ya no se esconde ni huye.
Prende (ya lo hacía desde hace tiempo)
y es verso desde esa primera imagen
y ese primer abrazo.

Existes, eres, somos.

Y yo, existo desde la valentía de comunicarme con mis miedos.
Desde el compartir sombras y descubrimientos.
Porque lo he decidido. Porque he querido.
Me he atrevido a que tú, verso, y yo seamos,

y a proclamar que
                    nuevamente,
                            existo.

3.

Decir que no y abrir las libertades.
Abrazarte y que la tormenta amaine.
Callar, pero por elección.
Ser mujer en amplitud(es)
y en extensión de lo real.
Más aún, ser la realidad que elijo desde mis múltiples kilómetro cero.
Y reconocerme. Saber que sí.
Y que él no es una de las opciones
que nacerá ya de esta boca que es mía
y habla desde las entrañas.
Y desde ese poder de elevarme.

Tal vez. Sí. Nunca. Siempre. Jamás.
Palabras múltiples que me recuerdan que
quizás es la vida la que a mí me habita
y que es eso el único destino cierto.

4.

Declaro abiertamente
mi estado de independencia.
Mi derecho a decidir
que puedo elegir libremente mis aciertos y mis errores.
Y así: declamar en la noche, la tarde o la mañana.
Declaro mi derecho a caer
a saber que no sé aún lo que siento y quiero.
Que no sé hacia dónde va el reloj
y si de alguna forma, no es certeza lo marcado.

Me declaro abierta en canal a la vida,
aunque a veces esta duela tanto
que sienta mil arañas comiendo mis entrañas.

Me declaro abierta a mí en todas mis facetas:
mediocre, frágil, débil y ausente.
Me declaro fluida en ser; mutable y múltiple
en el sentir y en el estar.

Declaro mi derecho a ser mujer
y a no tener que tener miedo por ello.
A no ser una mujer, sino todas las que quiero
Declaro que me amaré y me odiaré.

Y con todo:
declaro abiertamente que me quiero libre en lo que siento.

Hoy me declaro en ausencia de intenciones.

5.

Resulta que va de ti.
De lo que piensas,
de lo que pensaste. De lo que has sentido
y de lo que te ha pasado.
Y resulta que te mueve
y que, de creer que va de otras,
te das cuenta de que habla de todo aquello,
de todo eso y de esto.
De lo que emerge. De lo que late.
De lo que ha estado oculto, pero que has dejado salir
o que salió y te ha llevado a ti.

Resulta que ese ritmo es tuyo. Fue de otras, pero ahora es tuyo.
Y que lo que expresa parece que te lo han robado,
que te grita que sí: que es como tú sientes.
Que te lo puedes permitir: estar, así, sin más.
Perderte y volver a perderte. Y encontrarte y volver a encontrarte.
Reconocerte en tus errores.
Y mientras tanto: atreverte.
Y advertir que bajo todo lo acaecido y lo que vendrá estás tú y estarás.
Y que la palabra, la melodía y la voz es ahora igual que la vida: compartida.

Resulta, y no lo veías,
que la canción va de ti.

6.

Una grieta.
La certeza de la duda y
del trueno sin el previo relámpago.
La tregua que engaña.
Una imagen que no se queda. La duda ante ella.
Las interrogaciones y el miedo a sentirme sola.
No producir. Y que eso me duela.
Querer estar fuera de la rueda, de los tópicos y de la estructura.
Ver que no miraste más allá,
que aún hoy no alcanzas.
Y pensar ¿qué puedo hacer?

Y ni siquiera la nada contesta.

7.

Entonces llega un punto en el que solo sientes el hueso.
Y recuperas tierra, pero abandonas el cuerpo.
Se ha ido. Ya no es tuyo.
Oyes lo que ya no hay:
Habitas ya en olvido.

8.

A veces sucede. Solo a veces.
Sucede que están,
que me alimentan,
que me abrigan,
que me levantan,
que me acogen
y me expulsan hacia mí.
Ocurre a veces
que las oigo,
que me gritan que vibre,
que me despedace,
que no me rinda,
que siga en el círculo.

Y esas veces, cuando me existen,
solo entonces,
sucede que hablo
de MUJER A MUJERES.

9.

Generadora de semillas
y guardiana de la estirpe.
Heredera de lo que no eligió ni le pertenece
y reveladora de lo inefable.
Sin ella, no sería
y, a veces, soy; pese a ella.
La siento cada día en mi bullir
sobre todo en la valentía, en el existir.

Respira y el mundo se mueve.
Calla y sigue generando vida(s).

La naturaleza eligió escribir su nombre
en mayúsculas cuando la acompaña
Porque en la unión universal de las palabras
se revelan todas las esencias.

Es. Fue. Existes. Serás.

Mi madre.

10.

Poco quemamos.

IRANTZU VARELA

—¿Ah de la vida?—
Pregunta Penélope.
Ítaca no le responde.

—¡Ya no!— alto y claro vuelve a decir.

Pero Ítaca sigue sorda y ciega.

—¡¡¡NO!!!— diáfana y con argumentos.

E Ítaca sigue sin verla.

—A ningún y por ningún Ulises
que quiera predefinir mi existir en su nombre.

Ítaca respira. Ni siquiera se revuelve.

Pobre ilusa. No se ha dado cuenta
de que Penélope se ha extendido
más allá de sus fronteras.
Y de que se ha reunido con otras Penélopes
que ya hace tiempo
            incendiaron otras Ítacas.

II.

Hablo con ellas, de ellas y
con otra voz gracias a la de ellas.

Hablo conmigo, de mí y para mí
ahora con otro existir.
Me dicen que no, un *no* para entonces
y un *no* más rotundo para el ahora.
Me salen sus palabras, las siento en mí.
Esas que en las que se ahogaban y asfixiaban,
aunque aparentemente respiraban.
Eso sí, bajito y a solas.

Me hablo de mujer a mujeres
y escribo de las valientes,
de las que no se callaron,
de las que pese a que le dijeron: tú no puedes
creyeron y crearon.
Las escucho, las veo,las leo, las respiro
y las quiero gritar muy alto.
Las quiero vivas en el existir,
en lo real y en lo palpable.
Las quiero reales,
libres de ser y de reír.

Me acompañan. Me muestran,
me permiten aprender
y me enseñan:
que soy esa mujer, que soy yo,
esa con sus entonces y mis ahoras.
Con la conciencia plena
de que mi ser se explaya en mil variantes.

Que con lo que soy no seré Penélope
ni la madre de un Dios vengativo o de un héroe soberbio.
Con mi yo de hoy seré amazona
o una mujer libre de Ítaca.
Seré paso decidido que vuelva a caer una y otra vez.
Pero aún así, seguiré siendo en mi ser.

Escribo de ellas y
escribo para mí.
Y sin preverlo, me reescribo.
Y sin saberlo, al nombrarlas, me nombro.

12.

A Laura

Sencillamente siempre ocurre al hablarnos:
estamos al otro lado.

Una línea de teléfono y una melodía constante
(nosotras la conocemos)
que fue y es nuestra.

Sabernos cerca y juntas.
Tú, yo... en un Nosotras.

Pan y besos.
Risas y agua.
El mar: de espejo.
La ventana abierta
y la casa, habitada.
Mientras, la hoja en blanco que va respirando tinta
y una danza que al latir es compartida.
Una voz que resuena.
Esa imagen de tu madre que te abraza.
El recuerdo de atardeceres rojos:
con las amigas, con su cariño
su aliento y esa imparable energía.
Un verso, un fragmento o quizás,
todo el texto.
Su presente ser, su cantar.
Y con todo ello: arrancar tal vez el poema
Y con eso, desde ahí: seguir desgajando la vida entera.

14.

Hay palabras que te callan, te ahogan. No llegan.
Pero las hay también que sin llamar, se quedan.

Hay palabras que no se olvidan
y otras que nos hacen no querer recordar.
Pero las hay también que te sanan
y te obligan a despertar.

Hay palabras que te danzan y te cantan
que te buscan solo a ti. Y al no encontrarte:
siguen en otro vivir.

Hay palabras tierra que dan aire.
Palabras raíz que te anclan
y palabras poesía que sí te nombran.

Y hay, por encima de todas ellas, palabras que juntas te paralizan:
no me veo
no me siento
no me quiero.

15.

A Miguel Hernández

Eras la voz del pueblo,
de la simiente de otro posible futuro.
Pero, junto a Federico,
tiene ya tu nombre la palabra «cuchillo».

Miguel te llaman,
aunque tú te nombras barro.
Y de ahí, resurges: del barro. Del tuyo,
del de los heridos y los oprimidos.
Del puño en alto, del cantar de la justicia,
del ritmo del verso que nace puro.
De ahí: nacéis tú y la poesía.

Y con ella, el poder cambiar las mentes.
Ser libre en cárceles y burlar incluso hasta la muerte.

Miguel. Te llamas barro.
Miguel. Te llamo batalla y raíz.
Te recuerdo en tu alma colmenera
y en ese verso que ha estercolado el amor a la poesía de tantos.
Y aún tengo que mil veces volver a leerte.
Compañero de palabra.
Compañero eterno.

16.

Soñamos imposibles y ya estamos creando.
Quizás no en el instante, no en el ahora,
no en el momento.
Pero algo cruje. Cambia. Y tú también lo haces.
"Yo voy soñando caminos" dijo el poeta.
Y yo los ando mientras lo leo.

Sueña él, como yo, entre versos.
Que sueña despierto.
Sueña que sueña.
Y, como yo, sigue caminando.
Y como yo, seguramente,
en imposibles va pensando.

17.

Asisto al lenguaje de la naturaleza.
Y en él percibo nuestra esencia.
Somos, pues, mero signo que en origen se convirtió en palabra,
que del quizás pasó a ser certeza.Que del posible se acercó a lo imposible.

Concibo ahora el recuerdo presente.
Soy, ahora, capaz de palparlo.
Entre el azul del mar quieto.
¿No lo ves?
Irradia. Emerge. Y es nuestro.
Como aquellos días de futuro en que hacer era la opción.

Hoy, con amor, soy testigo de lo mutable,
de que llueve con sol,
de que el huracán no siempre traerá la calma
y de la certeza de la auténtica semiótica de la palabra.
Esa misma que me abrió, vida, hacia ti.
La que me recordó que desde ellas
podemos ser y somos existir.

18.

Repasar lecciones con la hoja en blanco.
No importar qué recuerdas de ellas,
sino haber tenido la oportunidad de poder trazarlas en el folio.
Saber que las sombras
al amanecer del viaje
también forman parte del paisaje
pero que ahora eres tú, dentro del tiempo,
quien decide si redireccionar el viraje.

Tener emoción.
Dejar y dejarte.
Dejar de sentir y amar.
Oler la lluvia, aquella que ya va calando.
Dejarte habitar y ante todo:
Cohabitar contigo misma.
(Re)conocerte en otros labios, piel,
conciencia y sexos.
Y abrirte de par o impar.
Escribir. Ser en ti y en los demás.
Y ser con solo mirarlos una más en la bandada de pájaros.

Pero por encima de todo no permitir,
ser inmigrante de tus propios pensamientos.
Y ser tú quien decida si ese camino elegido
es o no, es en ese momento, verdadero.

19.

No pedí el ecuador. Pero llegó.
Y ahora este ecuador me quema,
me arde e intenta consumirme.
Me martillea y aunque no quiera,
a veces, me hunde.
No. No lo pedí.
Y mucho menos romperme.
Y menos aún que me rompierais.
Tampoco hice nada por detenerlo. Lo sé.
Pero es que entonces ni siquiera sabía del ecuador.

Y así, dejé que me ordenaran el cuerpo,
la casa, los libros,
hasta la risa y la forma de querer.
Y mientras, ilusa de mí, creí encenderme.
Pero lo que estaba haciendo era crear la misma hoguera donde
me iba quemando yo sola.Ojalá que en mí solo quedaran
cenizas, el polvo y la nada,
pues esos no sienten.
Pero no. No quedan.
Queda tan solo este dolor, la culpa y la incertidumbre
muy bien ancladas.
Mientras solo resta respirar en este asfixiante ecuador
que no pedí y que siento que no deja de rotar nunca de forma
implacable conmigo.

20.

Ahora toca tejer.
Hace tiempo que empecé,
y aunque sienta la vida como una filigrana, me tejo y la tejo.

Sin embargo, ya no están:
ni el vértigo ni esa sensación de no saber dónde está el camino.
Poco a poco. Desde dentro y desde fuera
voy siendo consciente de los hilos en mis desnudas manos.
A mi ritmo.
Desde este nuevo lugar en el que empiezo a intuirlo:
el equilibrio.
Y por eso lo hago. Sigo y sigo.
Día a día. Palabra a palabra. Duelan o no.
Pensamiento tras pensamiento.
Transitando desde y en mi fragilidad, así existo: tejiendo, tejiendo y tejiendo.
Desde la incertidumbre de no saberme nunca.

21.

Risas en el suelo.
Viento en todos los rincones.
una piel ya desusada y una casa interna
llena de habitaciones inhabitadas.
El deseo incontrolable de escribir

          Y este viento... que no calla.

Un mar
que busca romper con todo un paisaje,
que nada ya
tiene que ver con la infancia.

          Y este viento... que no calla.

Una poeta. Sus palabras.
Los recuerdos, sus azadas.
El miedo a no saber seguir.

          Y este viento... que no calla.

No juzgar ni juzgarme en el camino.
No temer a no ser lo que se es
y poder ser lo que se es.

          Monotonía de vida tras los cristales

22.

Pertenezco
a la desnudez
del lenguaje
Claudia Lars

Pertenezco al desgarro.
El primero: el de mi madre.
Y así, provengo
del dolor y del placer.

Pertenezco a la raíz que se fue bifurcando
y que ahora, aún, aunque lejana,
reverbera en mi sentir presente.

Pertenezco al error, la duda y la incertidumbre.
Al cuestionarse constante y al responderse continuo.
Pertenezco al miedo.
A ese que sé que muerde a veces para despertar mi raíz primigenia.

Pertenezco al reconocerme en el
trazado de las letras, palabras y pensamientos.
En una poética que ya es para mí
una forma de pertenecer al mundo
y de habitarme con el palpitar de mi alma.

23.

Ahora. Cuando te miro
ya no siento rabia
ni sensación de injusticia.
Ahora comprendo que:
eres recuerdo y testigo
de la salida que estaba buscando
y que la vida me trajo.
Mi cuerpo regaló a mi mente
una abertura, una escapada
y la posibilidad de una nueva y luna clara.

Ahora, cuando te hablo,
la que fue muda voz
te grita que eres bienvenida y que te quiero en mí.
Porque estas marcas y hendiduras
son señal de este nuevo existir.

Ahora cuando te acaricio
te acojo y te siento:
latente, fuerte y frágil,
múltiple y valiente.
Y sobre todo, como yo: SINTIENTE.

A mi cicatriz

24.

Miro el agua. Corre por una rendija que sigue intacta
(o eso creo).
Sin embargo, paralelamente,
noto que la espiral de minutos que la acompaña me arrasa.

Cae el agua. Sin más, la miro.
Desde ella transcurre el fluir del tiempo.
El mismo que a veces se me ha escapado
mientras me centraba en el agua
dejando alejado todo aquello que me orbitaba.

Y así, sin más, el tiempo (se me) escapa.

La espiral se detiene. Pauso. Es necesario.
Y escribo.
Lo hago con el rumor de ese agua que me tiene anclada.
Lo sé. Lleva mucho tiempo ahí. Ahora lo escribo.

Mientras,
percibo con total claridad que detrás de tantas y tantas rendijas
el tiempo te lo recuerda:

no solo existe *el agua*.

25.
Pares (re)sueltos

Orbitar y arraigar.
Expandirse y soltar.
Recordar sin dañar.
Llorar y regar.
Regar y así, dejar marchar.
Dejar ir y aceptar.
Escribir y olvidar.
Olvidar y volver a encontrar.
Dejar de amar y volver a una nueva posibilidad.
Conversar y callar.
Callar y escuchar de verdad.
Compartir y dejar ser.
Existir y morir.
Ser vuelo en la tierra y mar en el aire.
Ser tierra regada en el alma y aire que renueva esta casa.
Parar y moverse tu mundo.
Mover tus pies y anclar con la mirada
Ser, así, alma alada
desde donde quizás, y con suerte
nunca más me habite el olvidarme.

26.

Miras. Has podido parar.
Están ahí. Sobrevolando la existencia.
Libres.
En un horizonte fijo para el humano,
pero que en su vuelo es infinito.
Has podido verlos.
Desde ese cielo, su cielo,
que te lanza a tu espacio infinito: el papel.
Y ahí, aterrizar tu necesidad de escribir.

Palabra a palabra. Verso a verso. Siguen ahí.
Suelen estar, pero no hay tiempo. No los miramos. Se van.
Me pregunto: en ese vuelo ¿alguna vez pararán?
Alas. Libertad de pertenecer a tierras diversas.
Sin cuestionamiento: son ellos, los pájaros de ciudad.
Aquellos que despiertan el anhelo de ser más allá de la palabra «volar».

27.
ANATOMÍA PROPIA

El hueso dormido despierta.
Al músculo no le da miedo equivocarse.
Los brazos cubren y las manos acarician.
Los ojos vuelven a ser múltiples
y los labios saborean lo que está por venir.

El pecho, despierto, se abre.
El aire. Sí, circula en seguridad.
Las piernas van sin guía previo.
Los pies sueltos del único ancla que lo ansía.

La voz, ya no resuena lejana e impropia.
Ya no.
Y ahora: recupero mi anatomía.

28.
Espacio(s)

En un vagón.

Deambula el pensamiento.
En un espacio reglado y distante.
En él, la anatomía reconoce lo que percibe.
Pero ya no está en el mismo asiento que al inicio del viaje.
Solo encuentro presencia en el escribir.
Solo en ese lugar y desde ahí me existo.
En este espacio (re)conocido que me revela:
que la vida nunca será habitada de la misma manera.

29.

Explotó el frigorífico.
Explotaron las puertas y las ventanas del salón
y luego, una a una, fueron estallando las del dormitorio
y el pasillo.
Poco a poco, saltaron en pedazos los vasos, los cubiertos y los platos.
Las baldosas, bajo mis pies, casi ya inexistentes se fueron resquebrajando
y así, el suelo se abría ante mí.
No hubo caída del sol y el cielo, permanente,
era visible ante las paredes derruidas.

Explotaron mis recuerdos, mis sentires y mis espacios.
Y poco a poco, sí, fui consciente: estaba explotando el tiempo.

Entonces, por fin,
explotó mi cuerpo y mi alma implosionó.
No hubo nada. Y lo supe en ese instante:
Un nuevo Big Bang ya estaba en mí.

30.

Me pregunto qué fotos
no me enseñó nunca mi abuela.
Qué espacios propios tuvo
mientras cuidaba del espacio
de todos y todas.
Imagino alguna de esas fotos
y siempre la veo sonriendo: a la vida.
Una vida que nunca llegó a ser de ella
porque no le quedó más remedio que existir así:
como hija primero,
luego hermana, novia, madre y esposa.
Me la imagino
con su cámara captando instantes que haría suyos,
pero que en realidad, por eso mismo,
por ser desde lo suyo, debía ser escondido.

Me la imagino y pienso:
¡Qué injusticia que mi abuela nunca fuera el centro de la foto!

31.

En el espejo asoma la espina.
Quebrada ya, la columna no vertebra.
El grito traspasa
el umbral que ya arde.
Visiones de tierras prometidas
que nos fueron (y nos son) vetadas.
Alma apresada, asfixiada ansía ser liberada.
Y lo hace.
En el espejo, entonces, emerge el poder:
asoma la palabra. Y con ella: la fuerza de ser.
Allí mismo, en el espejo, asoma el miedo.
La palabra le reta y va ganando terreno.
Sin duda, la palabra arrasa: *Bella Ciao*, le grita.

En el espejo, la columna erguida,
la palabra recia y el alma ya pura.

"*¡Bella Ciao!*" le dice a la cobardía.
"Amor, libertad: sois bienvenidas".

32.

Celebraré mi muerte
porque viví entre vosotros y vosotras.
Alejada a veces, lo sé,
pero siempre con la intención
de estar cerca y ser hogar.

Celebraré(is) que ya no estoy
porque de verdad estuve y fui.
Porque pese al miedo,
el descontrol, la incertidumbre
y el constante no,
sentí, respiré y dije sí.

Y yo me celebraré desde el otro lado.
Y no iré ligera de equipaje,
sino llena de vidas.
Porque me habréis abrazado, querido y respetado.
Porque me dejasteis ser, romperme y volver.

Me iré, celebrando que la vida fue y será hermosa.

ÍNDICE